DAVID D'ANGERS

ET

SES RELATIONS LITTÉRAIRES

D'APRÈS SA CORRESPONDANCE INÉDITE

HENRY JOUIN

DAVID D'ANGERS

ET

SES RELATIONS LITTÉRAIRES

D'APRÈS SA CORRESPONDANCE INÉDITE

EXTRAIT DE *LA NOUVELLE REVUE*
DU 15 OCTOBRE 1890

PARIS

LA NOUVELLE REVUE
18, BOULEVARD MONTMARTRE, 18

1890

DAVID D'ANGERS

ET SES RELATIONS LITTÉRAIRES

D'APRÈS DES LETTRES INÉDITES (1)

I

Nous avons publié il y a quelque douze ans la *Vie de David d'Angers*. Un volume d'écrits du maître faisait suite à notre récit. Plus de cent lettres de l'artiste avaient trouvé place dans ce volume. On a pu croire que le sujet de notre étude était épuisé. Revenir sur David est chose permise à tous, sauf peut-être à son biographe.

Nous répondrons que les pages qui vont suivre ne sont'pas un appendice au livre ancien, elles en sont le complément. Bien plus, elles ne sont pas notre œuvre : David et les hommes de son temps les ont écrites. En les publiant, nous ne faisons que mettre au jour ce qu'on pourrait appeler les Mémoires des autres.

La majeure partie des lettres dont nous allons parler étaient conservées par un homme de grand cœur et de haut esprit, Victor Pavie, concitoyen de David d'Angers, « ami et fils d'ami », comme il aimait à le dire de lui-même lorsqu'il voulait marquer son rang dans le cercle intime du statuaire. Victor Pavie, plus âgé que nous de trente années, voulait bien nous honorer de son affectueuse estime. Déjà, lorsque nous composions la Vie du maître, Victor Pavie nous avait communiqué de précieux fragments de la correspondance de David avec Louis Pavie son

(1) Sous ce titre, les éditeurs E. Plon, Nourrit et Cie, s'apprêtent à publier une importante correspondance de David d'Angers, recueillie par M. HENRY JOUIN. Nous sommes heureux de pouvoir offrir à nos lecteurs de curieux extraits de cet ouvrage.

N. D. L. R.

père. Plus timide, plus réservé à l'endroit des lettres dont il était le destinataire et souvent l'objet, Victor Pavie avait désiré que de son vivant on ne révélât pas au public ce que pensait de lui David d'Angers. Sa modestie prenait ombrage d'une amitié dont il était fier, et que ni l'absence, ni les divergences d'opinions sur bien des points, ni l'inégalité des conditions n'avaient refroidie ou troublée, ne fût-ce qu'un seul jour, pendant une période de plus de trente ans. Même silence, d'ailleurs, de la part de Victor Pavie à l'endroit de ses relations avec Victor Hugo, Sainte-Beuve, Delacroix et maint autre à qui le succès, le bruit, le renom durable, la gloire entrevue sinon déjà possédée, ne firent point oublier l'homme d'élite, le sage réfugié là-bas dans sa province.

Les proches de Victor Pavie auront donc bien servi sa mémoire en nous permettant de transcrire plusieurs centaines de lettres du sculpteur, pieusement gardées par celui qui les avait reçues.

En possession de ces manuscrits, nous nous sommes adressé au fils du statuaire, M. Robert David d'Angers, qui avec une parfaite bonne grâce nous a confié non seulement les réponses de Victor Pavie, mais les autographes des contemporains du maître saluant en lui, de tous les points du monde, un artisan de leur gloire. Cette fois, nous nous sentions trop riche. Sous peine d'offrir au lecteur un ensemble d'écrits également curieux, mais sans unité, nous étions tenu de procéder à une sélection sévère ; ce que nous avons fait.

Avant tout, nous avons laissé la parole au statuaire. C'est à peine si, brièvement, quelques-uns de ses contemporains lui donnent la réplique. Nous n'avons voulu autoriser ces réponses que dans la mesure où elles nous permettaient de nommer les hôtes de l'atelier du maître, de dire quels hommes éminents lui firent cortège durant sa vie.

David n'était pas, au sens propre du mot, un lettré. Ses écrits ne revêtent pas toujours une forme irréprochable. En revanche, ils nous révèlent une intelligence élevée, sans cesse en travail ; ils trahissent un cœur ardent, d'une droiture à l'abri de toute défaillance, plein de compassion pour ceux qui souffrent, de dévouement intègre pour la patrie, d'amour pour l'humanité tout entière. Nous avions relevé ces caractéristiques d'une personnalité vraiment exceptionnelle. Mais on avait pu croire à notre partialité bienveillante. Cette fois, c'est David qui parle, c'est lui qui se dénonce.

Quant aux contemporains illustres du statuaire, qui l'ont tenu pour l'un des leurs, ils se nomment, dans les lettres françaises : Chateaubriand, Lamennais, Lamartine, Victor Hugo, Musset, de Vigny, Victor Cousin, Ballanche, Cormenin, Sainte-Beuve, Stendhal, Nodier ; dans la politique : La Fayette, Lakanal ; dans la science : Chevreul, Poinsot, Jomard ; dans l'art : Roland, Charlet, Delacroix, Hittorff, Henriquel-Dupont ; à l'étranger : Schelling, Schlegel, Berzelius, Hahnemann, Rauch, Cooper, Mickiewicz, Ludwig Tieck, Amelia Opie, lady Morgan, Dumont de Genève, Humboldt. Tous exaltent le maître français.

Au surplus, oublions un instant le profit que peut retirer de cette étude la mémoire du maître : une leçon se dégage des lettres que nous avons sous les yeux. Elles nous montrent un artiste en relations étroites avec les écrivains de son époque. L'exemple est bon. L'artiste aussi bien que l'écrivain est un interprète de pensée. Tous deux parlent une langue différente, mais ils tendent au même but. A l'encontre des hommes d'application, tels que le législateur, le magistrat, le soldat, l'industriel, on distingue les hommes d'inspiration, c'est-à-dire le philosophe, l'orateur, le poète, l'historien. A ceux-ci se rattache l'artiste. Victor Hugo le rappelle dans une page lyrique, dédiée précisément à David, lorsque délimitant le champ d'action des hommes de pensée, suivant le mode d'expression propre à chacun, il vient de dire : « La forme au statuaire ! » A peine a-t-il énoncé cet axiome qu'il s'empresse d'ajouter :

> La forme, ô grand sculpteur, c'est tout et ce n'est rien :
> C'est tout avec l'esprit, ce n'est rien sans l'idée.

Or, le penseur habile à parler sa langue est un auxiliaire précieux pour l'artiste qui, le plus souvent, n'a pas bénéficié d'une formation littéraire. Si bien doué qu'on le veuille, l'homme dont l'esprit n'a point été discipliné à l'heure de la jeunesse éprouvera toujours quelque embarras dans l'émission de l'idée. L'inexpérience, la gaucherie, des fautes plus graves encore déparent maint ouvrage moderne sorti des mains du peintre ou du statuaire. Est-ce indifférence ou présomption, je ne puis le dire, mais soyez sûr que l'artiste contemporain dont je parle s'est abstenu de vivre dans l'intimité des lettrés. Ceux-ci l'auraient averti à temps de son erreur, tandis que le chef-d'œuvre incomplet du maître ombrageux qui a craint d'ouvrir son atelier au penseur en pleine possession de ses facultés intellectuelles, va porter à jamais l'empreinte de lacunes regrettables. Les artistes de la Renaissance se montraient moins méfiants à l'endroit des hauts esprits de leur époque. Dans l'ancienne France, le peintre et le sculpteur nous apparaissent en société constante avec les philosophes ou les poètes : Champaigne fréquente Port-Royal, Le Sueur est l'ami des Chartreux, Mignard est chez Molière, Le Brun chez Corneille. Au début de notre siècle, les exemples de cette fraternité sont nombreux, mais le maître qui semble plus qu'aucun autre s'être pénétré de l'honneur, du bienfait qui découleraient pour lui de son intimité avec les hommes de lettres de son temps, c'est David d'Angers. Répétons-le, l'exemple est bon et il nous plaît de le mettre en pleine lumière.

II

L'artiste n'est puissant que dans la mesure où il sait être observateur. Le don de pénétration est la faculté première de l'homme de pensée. Mais c'est trop peu de voir : il importe de bien voir. La justesse du raisonnement permet d'ordonner les impressions reçues. C'est par la comparaison, par l'étude réfléchie que nous établissons la valeur relative de nos sensations. Et comme il advient que maint spectacle qui affecte notre entendement ne saurait être pour nous d'aucun profit parce que les éléments qui le composent sont de nulle importance, il convient que l'imagination toujours en éveil alimente l'intelligence de sujets susceptibles d'être fécondés. Mais l'esprit n'est pas tout. L'homme est doué de volonté. L'être moral n'est pas moins grand que l'être intellectuel. La sensibilité, l'amour font équilibre à l'imagination. L'artiste qui porte en lui ces énergies souveraines est apte à s'éprendre de la nature, à aimer ses semblables, à s'assimiler les productions du génie et à concevoir des œuvres maîtresses.

La nature ! David n'est pas indifférent à la majesté de ses spectacles.

C'est une bien admirable chose, écrit-il, que la ville et les environs de Marseille; c'est l'Italie, la Grèce, avec leur ciel de cristal, leurs beaux êtres faits pour inspirer les artistes.

Hier, nous avons été voir coucher le soleil au pied de l'église de Notre-Dame-de-la-Garde, qui est construite sur une montagne. Voilà un peuple qui sait placer dignement le temple de la divinité. C'était le système des Grecs et des Romains. J'ai cueilli sur cette montagne, auprès de l'église, une petite fleur que tu trouveras dans cette lettre.

Un autre jour, il écrit des Pyrénées :

Depuis dix-huit jours nous sommes à Baréges, cher Victor. C'est un bien triste séjour. Une seule rue entre deux montagnes. Le Gave, qui bondit avec un bruit sinistre sur des fragments de granit, descend parallèlement à la rue. La chambre de laquelle je t'écris donne d'un côté sur le Gave, et de l'autre sur cette rue, autre torrent qui roule continuellement bien des misères, destinées, comme les eaux qui hurlent avec tant d'énergie, à se reproduire perpétuellement et à s'engouffrer dans les entrailles du globe. L'âme est attristée de voir ces processions de gens crispés, disloqués; ces figures mangées jusqu'aux os, guidées par deux yeux ternes qui vous regardent avec envie comme les yeux d'un homme qui sortirait du cercueil après quelques mois de séjour. En voyant tous ces gens marcher, l'un avec une seule jambe et des béquilles, l'autre avec une jambe attachée au-dessous du menton, on serait porté à croire que tous les télégraphes de France se sont donné rendez-vous ici. Les premiers jours de mon arrivée, je boitais, j'étais tenté de me courber, tant l'imitation de ceux qui nous entourent a de puissance sur nous, et je regrette que Dieu n'ait pas été plus généreux en types nobles; ceux-ci paraissent à de trop rares époques sur la terre.

. . . .

Il y a peu de jours que nous avons été visiter Cauterets et ce fameux lac de Gaube qui est sur une montagne. Là, en 1832, il s'est passé un drame dont le récit m'a vivement ému. Un jeune Anglais, après avoir bu une bouteille de rhum, a contraint, par la force, sa femme à le suivre dans une barque, et lorsqu'ils eurent disparu derrière un rocher, on entendit des cris perçants, et peu après on aperçut la barque vide voguant au hasard. On a élevé à ces disparus un tombeau sur le rocher qui avance dans le lac comme une chaloupe attachée au rivage. Un paysan qui, durant la belle saison, garde la masure destinée à servir d'abri aux voyageurs, me disait qu'un pâtre prétend avoir vu, la nuit, sur le lac, une barque fantastique dans laquelle deux personnes luttaient avec effort; puis la vision disparaissait, et l'on entendait des cris plaintifs mêlés de rires infernaux. Deux lumières semblaient se poursuivre sur l'eau et venaient se poser sur le monument. C'est quelque chose de grand que ce tombeau sur la montagne. Un drame près du ciel! La victime auprès de son meurtrier, dans le même cercueil! Et quand on pense que cet emblème de mort roulera tôt ou tard dans la plaine avec le bloc géant qui lui sert d'appui!

C'est encore sur les sommets que se trouve David lorsqu'il écrit en novembre 1838 à Victor Pavie. Cette fois, l'artiste se laisse aller à sa rêverie. Il entrevoit des statues géantes que la main de l'homme ne saurait sculpter, et que notre œil ne pourrait embrasser dans leur ensemble.

*

C'est en face de la mer, des montagnes et du ciel, devant ces pages sublimes, qu'il est impossible que l'homme ne lise pas sa destinée future.

Je suis enfin entré dans le cœur des Pyrénées, j'ai vu l'Espagne à sa frontière. A Laruns, je suis allé visiter la carrière de marbre de Louvie. Elle produit l'effet, vue de loin, d'une blessure faite dans la montagne; on dirait une tache d'argent. . . . .

Souvent, en contemplant une de ces montagnes de marbre, je sculptais, par la pensée, la statue de l'*Humanité*. Sa tête dans le ciel aurait les étoiles pour couronne, et cette tête se reposerait sur une harpe tenue par la main gauche du personnage. Les quatre parties du monde, représentées par des enfants, seraient sur son vaste giron; l'Afrique et l'Amérique apparaîtraient encore suspendues à ses mamelles, tandis que l'Asie et l'Europe essaieraient d'atteindre aux cordes de la harpe avec leurs faibles mains; la dernière tiendrait un livre dans sa main droite. La grande figure de l'*Humanité* aurait pour attribut la plume qui lui sert à écrire le code de l'émancipation. Les pieds de l'*Humanité* toucheraient à terre. L'eau serait représentée par les torrents qui arrosent les montagnes; le feu par les forges qui brûlent continuellement pour façonner le fer qu'on en extrait; les nuages voileraient sa noble tête et seraient le symbole des vicissitudes humaines.

Ne nous y trompons pas, la mélancolie à laquelle David cède aisément lorsqu'il tient la plume ne revêt jamais le caractère du pessimisme moderne. Aucune misanthropie ne se fait jour dans les écrits du maître. S'il a souffert du contact des hommes, il croit à l'homme et ne cesse de l'aimer. Les humbles bénéficient de sa fortune. Durant son séjour dans les assemblées politiques, on le vit abandonner régulièrement son indemnité de représentant aux bureaux de bienfaisance, aux crèches, aux institutions charitables. Les déshérités appellent sa sollicitude : il assiste à son lit d'hôpital le romantique méconnu Aloysius Bertrand, il soutient Magu, le poète tisserand de Lizy-sur-Ourcq, il encourage le poète imprimeur sur étoffes Théodore Lebreton, de Rouen. Le génie, loin de lui porter ombrage, l'attire et le séduit.

Il écrit à Lamennais :

Depuis longtemps j'ai essayé de composer quelques sujets principaux de la vie du Christ. Dans l'un, je voulais le représenter assis sur le Monde, écrivant avec son sang : « Liberté, Égalité, Fraternité, » ce qui me semble le résumé de sa morale sublime. Nous avons foi dans cette charte divine, nous autres républicains. Nos pères l'avaient inscrite sur leurs drapeaux que la mitraille de tant de victoires a consacrés.

J'ai cherché à rendre cette grande idée dans le faible croquis que je serais heureux de vous voir accepter.

Lamennais accueillit l'offre de son ami, et, en mars 1840, l'écrivain lisait à David le manuscrit de son remarquable travail :

De l'art et du beau. Laissons l'artiste confier à Victor Pavie les impressions qu'il emporta de cette lecture :

Aujourd'hui, j'ai passé plusieurs heures auprès de M. de Lamennais; il m'a lu des fragments de son grand ouvrage de philosophie qui, j'espère, sera bientôt livré à l'impression. Le chapitre sur la philosophie de l'art chez tous les peuples, et les phases qu'il a traversées à différentes époques est vraiment sublime. Quelle poésie ! quelle profondeur de pensées unies à un style si pur et si animé ! J'ai senti un bien vif bonheur d'être initié à cette source si précieuse qui doit bientôt se répandre dans le monde intellectuel comme un océan de lumière. Il m'était impossible de ne pas être profondément ému en recueillant de si hautes pensées émanant de l'homme sublime que j'avais devant moi. Cet homme si bon, si noble, si plein de tendre affection pour la pauvre et trop souvent ingrate espèce humaine, cet apôtre de la vérité, ce philosophe compatissant de l'avenir vit au milieu des privations de tout genre, car le peu qu'il a, il le partage avec les affligés; cet homme auquel l'avenir élèvera des statues occupe pour le présent un petit appartement sous le toit. La maison qu'il habite donne sur le boulevard, au coin de la rue de la Michodière. L'innombrable quantité de voitures qui roulent sur le boulevard font continuellement trembler la maison, et lorsque la tête du grand écrivain s'illuminait en lisant, je pensais à Moïse sur le mont Sinaï, ébranlé par le tonnerre qui grondait à ses pieds. Ah ! certainement, cet homme qui porte l'univers en volcan dans son cerveau devait aussi habiter près du ciel ; il convenait qu'il vît sans cesse à ses pieds des myriades d'êtres qui paraissent autant de fourmis agitées, ignorantes de tout ce qui n'est pas dans la boue, leur cher et constant élément. Leur vue troublée ne saurait fixer l'astre qui brille au-dessus d'eux. M. de Lamennais est un de ces astres trop rares à notre époque, qui doit, en jetant une vive lumière sur elle, l'empêcher d'être un jour complètement enseveli dans la nuit obscure de l'oubli. Dieu envoie à la terre, même dans les instants les plus désespérés, de ces hommes types, phares resplendissants, qui attestent la présence de l'âme divine au-dessus de la matière.

Dans la petite chambre de mon illustre ami, j'ai vu, non sans un sentiment profond de reconnaissance, deux de mes ouvrages : son buste en marbre, que je lui ai donné, et le dessin représentant le *Christ assis sur le Monde et écrivant avec son sang* ce code éternel de l'humanité : Liberté, Égalité, Fraternité.

Ce culte de David pour les hauts esprits datait de loin. En 1826, Walter Scott avait traversé Paris. Le romancier amassait alors les anecdotes dont il projetait d'enrichir l'*Histoire de Napoléon*. On parlait de ses fréquents entretiens avec Macdonald et Marmont. La même année, Fenimore Cooper arrivait en France. Les médecins l'envoyaient vers nous pour rétablir sa santé menacée, et durant trois années Cooper occupa les fonctions de consul à Lyon, sans que ce poste l'empêchât de séjourner souvent à Paris.

Walter Scott est déjà reparti pour Londres, écrit David en novembre 1826; j'aurais bien désiré le voir, mais la personne qui pouvait me mettre en rapport avec lui n'est pas à Paris. La semaine prochaine, on doit me faire dîner avec Cooper; je ferai son buste. Si vous n'avez pas encore lu ses ouvrages, lisez-les, vous y trouverez des caractères vigoureusement tracés.

Je vais sous peu de jours vous envoyer une pièce de vers composée par un de mes amis, jeune peintre distingué, qui a étudié la peinture chez David, et la vie à l'école du malheur.

Notre artiste avait modelé le médaillon du poète dramatique allemand Frédéric Werner qu'il avait entrevu à Rome au temps déjà lointain de son séjour à la villa Médicis. Cette médaille lui vaut les remerciements d'un ami, admirateur du talent poétique de Werner. David ne demeure pas en reste avec son correspondant et il parle du poète disparu en des termes d'une émotion pénétrante.

Je suis bien aise que la vue de la médaille de Werner t'ait causé quelque plaisir. Pauvre Werner! Quand je le voyais presque tous les jours à Rome, je ne savais pas que j'étais en présence d'un si grand homme, et aussi intéressant. Les dames qui lui louaient sa petite chambre ne parlaient de lui qu'avec l'intérêt que l'on éprouve pour un homme bon, mais qui a besoin d'être traité comme un enfant. C'est bien cela! On ne juge que la superficie, et c'est ce qui fait que notre époque soigne tant sa superficie. J'ai fait la médaille d'après un portrait admirable de naïveté; et quoique ne me rendant pas bien compte de mes impressions à l'égard de ce grand homme, quand j'étais près de lui, cependant il y avait quelque chose en lui qui a laissé dans mon souvenir une impression qui ne s'effacera jamais. Toi, tu as une âme faite pour comprendre la sienne, tu seras un jour notre gloire et l'orgueil de ton bon père qui t'aime tant.

Pour Dieu, cher ami, ne te décourage pas; tu serais bien ingrat envers la nature qui a mis en toi tout ce qu'il faut pour faire un grand poète. Écris, écris, confie au papier tout ce que tu sens. Ne crois pas que les motifs de poésie ne se trouvent qu'à Paris. La nature en est pétrie; je ne fais pas un pas sans rencontrer des sujets touchants qui, passant par ton âme arracheraient des larmes aux générations à venir.

Ce qui trompe la plupart des jeunes gens, c'est de croire qu'il faut se tourmenter pour faire du grandiose. Quand la nature crée, elle se sert de moyens si simples!

Les hommes qui nous paraissent quelquefois lourds, insipides, peuvent être très utiles à l'observateur; rien n'est inutile dans la création, la nature est éminemment « utilitaire ».

Nous sommes en 1832.

Chateaubriand s'est compromis en écrivant à Berryer qui vient d'être incarcéré à Nantes à la suite de la descente opérée en Vendée par la duchesse de Berry. On arrête l'auteur de

Buonaparte et les Bourbons. David, républicain, ira rendre visite au prisonnier.

J'ai été voir Chateaubriand dans sa prison. Je l'ai trouvé toujours le même, c'est-à-dire calme et résolu à tout ; un homme de ce caractère ne conspire pas ; il a imprimé son opinion, c'est une guerre d'homme d'honneur.

En post-scriptum, il ajoute :

. . . .

Ce matin, je vais aller voir Barthélemy. J'aime ce poète parce qu'il emploie son génie à servir la cause de la liberté.

Marceline Desbordes, mariée en 1817 à l'acteur Valmore, se dispose à publier son recueil de poésies *les Pleurs*, dans lequel se trouve l'ode *A Paganini*. Le poète a récité cette ode devant David et sa femme. Le lendemain de la rencontre, le statuaire écrit :

J'oubliais de te dire que j'ai eu le bonheur de voir Mme Valmore. Rien n'est comparable à cette femme. Son âme sublime est bien visible sur ses traits. Ses traits sont laids et elle est admirable. Je rougis quand je regarde la médaille que j'en ai faite. Elle dit ses vers d'une manière aussi mélodieuse que Lamartine. Tu verras bientôt, dans son nouveau volume, des vers à Paganini. Émilie et moi pleurions comme des enfants. Quel monument elle vient d'élever à cet homme !

Quelques lignes plus loin :

Je viens de faire la connaissance de Barbier. Tu ne l'aimes pas ? Je trouve cependant que cet homme a un génie puissant. Il m'a remué fortement ; mais tu sais que j'aime aussi ce qui est noble et beau. Peut-être que ses opinions politiques ont réveillé mes passions. Cela pourrait bien être. C'est ce qui prouve qu'il est bien difficile de juger ses contemporains. Il va faire paraître, demain, un poème. Je l'attends avec impatience.

Le poème auquel fait allusion l'artiste est *Il Pianto.*

Parfois la plume du statuaire s'aiguise. Une épigramme s'en échappe, mais le trait n'a rien de cruel :

Je n'ai pas pu encore faire la médaille de M. de Senancourt, ni celle de Mme Sand. Sainte-Beuve est si occupé ; je le tourmente cependant beaucoup pour me mettre en rapport avec ces deux génies. Ce Senancourt est bien l'être le plus curieux que j'aie jamais vu. En lisant ses ouvrages, je me le figurais dans le genre de Rousseau, quant au physique. Mais, mon Dieu, c'est un homme qui a les bras si courts qu'il doit lui être impossible de mettre ses mains dans ses poches ; et puis il marche comme sur des charbons ardents. Cela m'étonne moins, il connaît si profondément le monde ! Sainte-Beuve me l'avait si bien décrit que je l'ai reconnu dans la rue.

S'agit-il d'un confrère ? L'attitude du maître ne cesse pas d'être affectueuse. Il a sculpté le buste du statuaire allemand Christian Rauch. Voici en quels termes il fait hommage de son travail à Rauch :

... A Rome, vos premiers ouvrages, cher ami, m'avaient déjà inspiré pour vous une bien profonde estime. Plus tard, quand j'ai connu votre noble vie, je vous ai aimé de tout mon cœur. J'ai voulu imprimer sur le marbre, d'une manière durable, les sentiments qui m'animent à votre égard. Ce buste, que j'ai tant de plaisir à vous offrir, n'est pas aussi digne de vous que je l'aurais désiré ; mais vous le recevrez, n'est-ce pas, plutôt pour l'intention que pour la valeur du travail. Il vous rappellera quelquefois l'auteur qui vous a voué une éternelle et bien sincère amitié, et qui compte les jours qu'il a passés auprès de vous comme des jours heureux de sa vie.

Bosio est mort. Un fauteuil de sculpteur est vacant à l'Académie des beaux-arts.

Émilie et nos enfants sont dans les environs du Havre pour prendre les bains de mer.

Je n'ai pas pu aller avec eux, parce que nous avons une nomination à faire à l'Institut à la place de M. Bosio. Je porte Rude pour cette place, mais je crains bien qu'il ne soit pas nommé, parce que c'est l'homme qui y a le plus de droits. C'est une grande absurdité de permettre aux corps savants de se recruter eux-mêmes. Toutes les médiocrités s'entendent pour éloigner les hommes de talent. Je me suis prononcé avec énergie pour Rude, et me voilà avec de nouveaux ennemis irréconciliables, car messieurs les candidats ne me pardonneront jamais mon vote pour cet artiste, mais je préfère l'animosité d'autrui à un acte de faiblesse.

David ne s'était pas trompé. Ce ne fut point Rude, mais bien Lemaire qui obtint de succéder à Bosio sous la coupole du palais Mazarin.

Charlet n'avait plus que peu de jours à vivre. Le statuaire s'émeut de la disparition prochaine d'un grand artiste. Il souhaiterait que l'on conservât les traits de cet homme de race. Il pense au peintre Gigoux et il lui écrit :

Si vous voulez, cher ami, dessiner la tête d'un homme de génie, venez me prendre demain matin à onze heures. Nous irons chez Charlet, qui sera très content de vous recevoir.

Il était temps. Quelques jours plus tard, Charlet avait succombé. C'est encore à Gigoux que s'adresse David :

Cher ami,

Charlet vient de mourir, il laisse une femme digne du plus grand intérêt, et par les nobles qualités qui la distinguent, et par sa triste position, car elle reste seule, chargée de deux enfants dont l'éducation est loin d'être terminée.

La dernière fois que nous nous sommes vus, je vous ai dit combien j'étais heureux des bonnes intentions qu'avait témoignées M. Cavé à l'égard de Mme Charlet, si elle venait à perdre son mari. L'instant de réaliser cette généreuse promesse est arrivé ; la France entière applaudira à un acte de justice qui honorera la mémoire d'un homme dont elle s'enorgueillit à si juste titre. Charlet est mort aujourd'hui à cinq heures de l'après-midi ; il avait travaillé une partie de la nuit à un *Napoléon à cheval*, d'un dessin extrêmement remarquable. Les arts ont fait en lui une perte irréparable, car nul comme Charlet n'a su imprimer ce cachet vivant et héroïque d'une armée qui a étonné le monde entier, et dont les gigantesques travaux paraîtront peut-être fabuleux à l'avenir.

Mais l'homme dont il est le plus fréquemment question dans les lettres de David, c'est Victor Hugo. Le statuaire suit le poète dans sa vie publique et privée, dans ses deuils, dans ses succès, dans ses erreurs, avec une grande impartialité.

Entrons sur les pas de l'artiste dans les salons tant de fois décrits de la place Royale :

J'ai été faire visite à Hugo, place Royale. Les appartements sont d'une grandeur et d'une beauté très remarquables ; puis, toutes les maisons qui entourent cette place ont appartenu à des personnages historiques. Mais ils avaient de vastes cheminées dans lesquelles on mettait des arbres ! Actuellement on a de petites cheminées, et ces vastes pièces sont des magasins à bons rhumes de cerveau.

Ces lignes sont datées de 1833. Seize ans plus tard, en 1849, David peindra le représentant du peuple dans une page où il le pose en regard de Lamartine :

. . . .

Deux poètes de génie siègent sur les bancs de l'Assemblée nationale, mais sans comprendre ni l'un ni l'autre la haute mission qui leur était assignée. L'un, élevé dans des idées de vaine grandeur, n'a pas assez d'émotion dans le cœur pour la sainte cause du peuple, et alors il ne peut entrer profondément dans les entrailles de notre société haletante. C'est un sublime naturaliste qui décrit ce qu'il voit avec son génie poétique, mais, encore une fois, le cœur chez lui n'est pas impressionné. Selon moi, une phrase de l'un de ses ouvrages, *les Confidences*, le fait parfaitement bien comprendre et peint l'homme ; c'est lorsque à propos de cette Napolitaine qui l'aimait jusqu'à mourir pour lui, il dit : « J'étais le miroir dans lequel venaient se refléter les rayons brûlants de l'âme ardente de cette jeune fille, mais je ne faisais que les refléter. » Au moins cette haute intelligence a toujours eu de nobles accents. Jamais la bassesse et le sensualisme ne l'ont effleurée, mais encore cette distinction de sentiments ne s'accentue que trop par le luxe des voitures, des valets, et c'est, selon moi, mal comprendre la véritable noblesse.

L'autre, d'une nature plus sensuelle, ne sait pas s'élever au-dessus de la vanité bourgeoise. Il tient plus à ce titre de comte, que Napoléon jetait volontiers, avec dédain, à ses soldats, qu'au don si rare, si précieux, que la nature a déposé en lui avec tant de générosité. Son ambition va jusqu'à l'habit de « pair », et il déserte cette grande cause populaire qui devrait être la sienne ; puisqu'il est, somme toute, un enfant du peuple. Quand on voit son appartement, on est saisi par cette pensée que celui qui s'entoure des vieilles défroques des siècles passés est incapable de saisir ce qu'il y a de grand, de sublime dans l'époque à laquelle nous appartenons ; notre temps est la réalité : le passé est une ombre.

Ces lignes sont écrites sans arrière-pensée, car, en 1853, David rendra justice à l'auteur des *Confidences* :

. . . .

J'ai vu, il y a peu de jours, Lamartine, toujours très souffrant, et cependant travaillant énormément. Il quitte son hôtel pour aller habiter un logement moins spacieux. Comme tous les républicains qui ont été à la tête des affaires publiques, il s'en est retiré pauvre. L'histoire, espérons-le, sera plus équitable que les misérables et lâches contemporains.

A une époque plus récente encore, David a donné la mesure de son attachement profond pour Victor Hugo. Mais, ne pouvant tout citer, empruntons au statuaire cette peinture émouvante des douleurs du poète à la suite de la catastrophe de Villequier où sa fille Léopoldine, familièrement appelée « Didine », trouva la mort en même temps que son mari Charles Vacquerie.

La maison de la place Royale est triste, silencieuse. La nuit, cependant, on doit entendre les éclats de voix que la douleur fait pousser à la pauvre mère qui a continuellement devant les yeux la chevelure de la noyée. Durant le jour, Hugo tient embrassés ses enfants assis sur ses genoux. La jeune sœur ne connaît pas encore toute l'étendue du malheur ; on ne lui a parlé que de la mort de M. Vacquerie.

Quand nous voyons une étoile glissant dans le ciel et semblant s'abimer dans le mystère de l'éternité, notre œil la suit avec indifférence ; mais qu'une pauvre créature nous soit ravie, alors c'est un drame affreux qui brise notre cœur, et cependant qu'est ce faible atome en comparaison d'un monde ?

La vie est une lumière qui nous aide à nous conduire vers le cercueil. Pour cette pauvre « Didine », cette lumière s'est éteinte dans l'Océan au lieu de s'anéantir au souffle des passions. Tôt ou tard les forêts tiennent à notre disposition les planches de notre cercueil, et la nature se rit de la mort de l'homme, comme l'enfant, de la bulle de savon, qu'une autre a bientôt remplacée. Qu'importe que cette lumière soit renfermée dans une lampe d'or ou d'argile, c'est toujours la même fragilité.

Ce sont là certainement de hautes pensées. Mais on supposera peut-être que David a pu vivre dans l'intimité du poète des *Feuilles d'automne* sans se préoccuper des œuvres de son ami. Telle ne fut point sa façon d'être. Le sens critique, chez l'artiste, était développé à un degré très rare. Ce détail a sa valeur, car, ne l'oublions pas, le sculpteur n'avait reçu aux jours de son enfance qu'une éducation incomplète et des plus sommaires.

On sait que *Marion Delorme* avait essuyé les rigueurs de la censure sous le gouvernement de Charles X. La pièce ayant été écartée de la scène, le poète écrivit *Hernani*.

Hugo nous a lu un nouveau drame qui vient d'être reçu aux Français. Il est toujours le grand homme, mais cette pièce me paraît moins faite pour la scène que *Marion*. Il y a, dans la dernière, beaucoup de philosophie allemande, mais à la scène il faut de l'action.

Une chose qui m'est bien pénible, c'est que de Vigny et Hugo sont brouillés. Hugo a obtenu de faire jouer sa pièce avant l'*Othello* de Vigny.

De Vigny vient de nous lire son *Hamlet*. Admirable !

La critique d'*Hernani* est discrète. L'artiste se montrera plus sévère à l'endroit de *Lucrèce Borgia :*

Hugo va donner une nouvelle pièce, dans une huitaine de jours. Le sujet est *Lucrèce Borgia*. Il l'a faite en quinze jours. Voilà ce que j'ai entendu dire. Il aurait amplifié l'histoire qui est déjà assez scandaleuse et abominable. Il fait Lucrèce devenir amoureuse du fils qu'elle a eu de Borgia. On craint bien que toutes ces horreurs ne révoltent. Cela m'a fait bien du mal à entendre. Comment ce génie colossal n'a-t-il pas le sens de ce que l'art doit repousser ? Cela n'est pourtant pas très difficile. On peut interroger les masses. Elles ont un tact exquis.

Mme Louise Colet a obtenu les suffrages de l'Académie française pour sa poésie *le Monument de Molière :*

As-tu lu, écrira David à Victor Pavie, les misérables vers de Mme Colet sur Molière ? Quelle honte pour l'Académie !

J'ai eu l'occasion d'assister un jour à la lecture d'une vingtaine de pièces soumises à l'Académie. Voilà comment cela se faisait : Ancelot lisait à peu près une page au milieu des conversations et des éclats de rire de MM. Étienne, Cousin, Mignet, Dupaty, etc., etc. Alors on demandait à passer outre, malgré les protestations de Hugo et même de Soumet. Telle est la justice des hommes, celle que l'on est en droit d'attendre de ses confrères !

Le maître ne se borne pas à étudier les productions nouvelles. Il remonte volontiers aux sources, et, dans l'espoir de rencontrer une plus grande originalité, David recherche les poètes ouvriers, les esprits auxquels a manqué le bienfait de l'éducation et qui ne sont redevables de leurs écrits qu'à leur puissance native.

> ... Je lis actuellement des poésies de Burns. C'était un laboureur, il n'est pas sorti d'auprès de sa charrue, et ses ouvrages sont connus dans toute l'Europe. Maine-et-Loire est un pays bien poétique ; songes-y.

Ce n'est pas sans intention que David exalte le poète écossais dont certaines pages rappellent les beautés agrestes des *Géorgiques*. Le « songes-y » qu'il adresse à son correspondant angevin a sa portée. L'artiste essaie de rendre courage à son ami Victor Pavie confiné là-bas dans sa province. Cette lettre est de 1828. L'année précédente, David, qui ne tutoyait pas alors son jeune ami, lui écrivait :

> ... Vous pouvez faire d'immenses études à Angers. Vous avez journellement des modèles vivants autour de vous. Cherchez à pénétrer l'homme dans toutes les circonstances de la vie. Remontez à la source, laissez, laissez tous ceux qui vous ont précédé.
>
> Young dit dans sa préface qu'il voudrait voir brûler tous les livres, y compris la Bible et les ouvrages d'Homère.
>
> Nous sommes actuellement dans le siècle des traductions. Que de génies sublimes volontairement condamnés à se traîner dans l'obscurité derrière les autres !
>
> Observez la nature ; fouillez-la dans ses replis les plus cachés ; rendez vos impressions, et Angers aura son Homère.

Un littérateur de profession n'aurait pas mieux dit. Il apparaît bien à ce langage élevé, à cette sage doctrine, que David est une intelligence d'élite. Toutefois, n'allons pas croire qu'en posant le pied sur le domaine des lettres, l'artiste ait jamais eu la présomption de s'estimer écrivain.

> Je ne me console pas, dira-t-il en 1837, quand je pense à l'insuffisance de ma maudite plume qui traduit en plomb ce que ma pensée avait rêvé en or. Combien j'ai à me plaindre du sort qui ne m'a pas mis à même d'étudier l'instrument qui obéit à la pensée, car, vois-tu, la sculpture est un art trop lent ; le corps est obligé de s'user pour rendre une pensée ; et la poésie des objets qui nous entourent est si puissante que je me sens toujours malheureux de ne pouvoir leur donner une forme par des moyens plus prompts que ceux de mon art. C'est pour cela que j'écris beaucoup sur les objets qui me frappent. Que de motifs de poèmes touchants, de statues et de tableaux ! Depuis que j'étudie avec attention la nature, j'aime moins les productions des hommes ; je ne comprends que les écrivains qui ont été fanatiques de la nature.

Les fragments qui précèdent révèlent un philosophe, un homme au cœur ouvert et au sens délié ; mais que valent ces fa-

cultés chez David, si l'art qu'il pratique ne tient le premier rang
dans ses occupations journalières ? L'œuvre considérable du statuaire est la meilleure réponse à l'interrogation du lecteur.
Toutefois, il ne saurait être indifférent que, par ses propres écrits,
le maître rende témoignage de la direction constante de sa
pensée vers l'art plastique. Une rapide excursion dans la ville de
Brest lui suggère ces lignes :

Quelle ville que celle où je vis actuellement! Elle me fait l'effet d'une
fournaise. Quel mélange! Le crime en bonnet de galérien, l'héroïsme sous
le petit chapeau ciré du marin. Peu de belles femmes. Ce que je connais de
la Bretagne me porterait à croire que le peuple n'y est pas beau. Il me
semble de granit. Il en a tout le caractère. Enfin apparaissent les figures
étiolées de quelques bourgeois qui se croient obligés de prendre une pose
énergique pour se mettre en harmonie avec le milieu qui les enveloppe. On
dirait des araignées qui se mirent dans la cuirasse d'un brave.

J'aurais bien voulu voir Carnac. C'était là l'un de mes grands désirs. Si
j'avais été seul, je l'aurais pu réaliser ; mais il faut que je rentre et que je
m'attache au piquet pour décrire de nouveau mon cercle habituel.

Quel art sauvage que celui de la Bretagne! Toutes les sculptures sem-
blent faites par des hommes en butte à l'adversité et au bruit des tempêtes.
J'aime cela. Du moins, de pareilles œuvres portent-elles le cachet de la
durée. Ces sculptures gauloises m'ont rappelé, par leur procédé, les sculptures d'Egine, à la différence que le peuple d'Egine était beau. Il s'est
révélé dans ses monuments, tandis que les laids Gaulois ont reproduit partout leurs têtes sauvages et effrayantes.

Le plus léger incident frappe l'artiste et peut devenir le point
de départ d'une composition, C'est ainsi que la *Jeune Grecque au
tombeau de Marco Botzaris* fut inspirée à David par la vue d'une
enfant épelant une épitaphe. C'est aussi dans un cimetière qu'il
puisa le sujet du monument de Garnier-Pagès.

... Je t'envoie l'*Almanach de* 1842, dans lequel tu verras une gravure
représentant le tombeau de Garnier-Pagès. C'est une tribune en marbre
blanc exhaussée sur des gradins de même matière. Sur cette tribune se voit
une couronne civique et des papiers sur lesquels seront inscrits les titres
des discours les plus remarquables de Garnier-Pagès ; au pied de la tribune
sera le cercueil en granit noir sur lequel on verra gravé le nom du tribun.
Ce monument sera élevé sur des gradins de granit de Cherbourg. Cette
idée m'est venue le jour de l'enterrement, en voyant les orateurs montés
sur un tombeau qui leur servait de tribune, et ayant à leurs pieds le cercueil. Je fis aussitôt une esquisse qui a reçu l'approbation des membres de
la commission.

En dépit de la justesse de l'idée, malgré le vote favorable de
la commission, David ne fut pas chargé d'exécuter le monument
de Garnier-Pagès.

Quel motif pressa le maître de sculpter le buste de Victor Hugo en 1837 ? Lui-même va le dire :

J'ai enfin commencé le buste de notre Hugo ; je vais faire tout ce qui dépendra de moi pour tâcher de laisser une œuvre digne de l'admiration que j'ai pour son génie. Il est temps d'entreprendre ce travail, car la partie sensuelle du visage de notre ami commence à lutter vigoureusement avec la partie intelligente, c'est-à-dire que le bas du visage est presque aussi large que le front.

Nous avons vu David partager la douleur du poète lors de la mort tragique de Léopoldine Hugo et de Charles Vacquerie. A peine l'ami a-t-il compati au deuil cruel de son ami que l'artiste se ressaisit :

Si j'avais un conseil à donner à Hugo, je l'engagerais à faire fondre en bronze la barque, et je la renverserais sur les quatre cercueils.

En 1812, étant à Rome, dans l'atelier de Canova avec lord Worth, à visiter le tombeau de Nelson, je dis à ce lord : « Il serait convenable de faire fondre la quille du vaisseau sur lequel est mort votre grand marin, de la renverser sur son cercueil ; et ensuite vous pourriez y asseoir la *Victoire*. Cette idée serait comprise par le peuple.

Mais, de même qu'il s'est montré méfiant à l'endroit de ses pages écrites, David sait être sévère pour ses œuvres modelées. Un ami l'a remercié d'un buste généreusement offert. Il répond à son ami :

...Votre physionomie dit bien davantage que mon marbre. Eh ! mon Dieu, nous autres sculpteurs, nous ne faisons que de bien faibles « à peu près » de la nature. Je vous avoue que j'ai toujours été humilié quand j'ai comparé mes ouvrages avec la nature. Enfin, j'ai eu des instants de bonheur en travaillant à votre buste, parce que je pensais à notre sincère amitié, à toutes les preuves que j'en ai reçues de vous, à votre bonne mère que je respecte de toute mon âme.

Tous les monuments l'attirent. Il est à Ratisbonne en décembre 1834. On construit assez près de cette ville le célèbre temple de l'Honneur. L'édifice, il s'en faut, n'est pas achevé. N'importe. David s'y rend.

La richesse du monument exalte sa pensée. Il songe à la majesté de l'art, au rôle de l'artiste dans les sociétés modernes et sa lettre étant adressée à Victor Pavie, David se prend à espérer que son ami provoquera peut-être sur la terre d'Anjou la construction d'une Walhalla de proportions modestes.

Quelle noble mission les artistes ont à remplir, en consacrant les grandes actions qui honorent l'humanité ! C'est l'art bien compris qui ramènera l'esprit humain à la morale pure comme elle a été enseignée par le Christ.

Les artistes, en donnant une forme à la vertu, la rendront plus visible et plus compréhensible aux masses sur cette montagne. Devant un admirable monument, involontairement ma pensée se porte vers notre cher Anjou. Dans un de ces moments de délire d'imagination, je voyais s'élever sur les rochers de la Pointe, près la pierre Bécherelle, un monument simple, mais d'un style noble comme sa destination, et les bustes des hommes remarquables de l'Anjou et de tous les pays venir y prendre place. Quelle gloire pour notre pays, et même, puisque notre siècle est si positif, quelle source de prospérité, car les monuments attirent les voyageurs. Je serais bien heureux si un pareil projet s'exécutait! J'y contribuerais bien de tous mes moyens.

En 1850, David terminait la statue de Bernardin de Saint-Pierre. Il y avait près de quarante ans que le dessein de rendre hommage à l'auteur de *Paul et Virginie* l'occupait. Laissons-le raconter dans quelles circonstances il avait conçu son projet et de quels bienfaits il se sentait redevable envers l'écrivain.

On moule actuellement la statue de Bernardin de Saint-Pierre. J'éprouvais des transes mortelles, tant je craignais de ne pouvoir faire cet ouvrage. Lorsque je reçus à l'Institut ma couronne pour le prix de Rome, l'illustre vieillard était présent. Je ne puis rendre l'émotion que je ressentis en voyant l'homme dont les ouvrages m'avaient si souvent exalté. Au cours de mes nuits studieuses, lorsque j'habitais la rue des Cordiers, près du Panthéon, s'il advenait que la fatigue et le sommeil fussent sur le point de triompher de mon courage, je lisais quelques pages de *Paul et Virginie* ou bien d'*Atala*. Des larmes abondantes inondaient mon visage et la réaction était produite. Je me remettais à l'ouvrage. En voyant Bernardin de Saint-Pierre témoin de mon triomphe auquel il avait si puissamment coopéré par son chef-d'œuvre, je me suis promis d'élever un monument à cet homme. J'ai fait de même pour Chateaubriand. A la vérité, je ne lui ai offert qu'un buste; en revanche, mes ressources pécuniaires m'ont permis de faire cette offre sans le secours d'autrui. Quant à la statue de Bernardin de Saint-Pierre, les frais du bronze étant considérables, j'ai dû avoir recours aux Havrais.

La séance dans laquelle David avait reçu le grand prix de Rome, en présence de l'Institut et sous les yeux de Bernardin de Saint-Pierre, eut lieu le 5 octobre 1811.

III

« De quel ton, de quel cœur, car les tons viennent du cœur, de quelle manière me parlez-vous? » c'est un mot de Mme de Sévigné à sa fille. En effet, le ton d'une lettre en dit plus que son texte sur la situation réciproque des correspondants. Et Mme de Sévigné nous livre le secret de ce phénomène lorsqu'elle écrit avec son bon sens que le ton vient du cœur.

Jusqu'ici nous nous sommes renfermé dans l'étude des lettres de David. Quels furent ses correspondants, et sur quel ton ceux-ci écrivaient-ils au statuaire ? Ouvrons les lettres reçues par l'artiste, elles nous permettront de bien marquer le rang qu'il occupe parmi ses contemporains illustres.

Nous sommes en 1828. David reçoit de Ballanche cet aimable appel :

Il doit y avoir, dimanche prochain, à huit heures du soir, une lecture de *Moïse*, chez Mme Récamier, à l'Abbaye-au-Bois. M. de Chateaubriand doit y assister parce qu'il a désiré l'entendre pour mieux juger de l'ensemble de la pièce.

Je suis chargé de vous engager à vous trouver à cette lecture, qui ne peut manquer de vous intéresser.

On sait que le *Moïse* de Chateaubriand fut retiré par son auteur avant la représentation. Mais l'artiste appréciait de longue date l'auteur d'*Atala*. Dès 1829 il entreprit de sculpter d'après lui un buste de haut style. Ce travail accrut le renom du statuaire en attirant dans son atelier la foule des lettrés. Sophie Gay lui écrit :

Mme et Mlle Gay ont l'honneur de se rappeler au souvenir de M. David, et lui font demander si elles pourraient, sans trop le déranger, aller voir, ce matin, vers trois heures, son beau buste de l'auteur des *Martyrs*.

Le marbre étant terminé, David l'offrit au modèle. Peu après, il recevait de Chateaubriand les lignes que voici :

Quelques personnes, Monsieur, veulent admirer le beau buste aux flambeaux ; elles seraient bien heureuses de voir en même temps l'auteur et l'ouvrage. Voulez-vous donc, Monsieur, nous faire l'honneur, à Mme de Chateaubriand et à moi, de venir dîner dans notre hermitage, dimanche prochain 24, à six heures précises ?

Le maître accepta l'invitation, et nous avons trouvé dans ses notes le récit humoristique du dîner offert, en cette circonstance, par Chateaubriand. Arago, Ballanche, Mme Récamier étaient au nombre des invités. Après le repas, on passa dans un salon au centre duquel se dressait le buste de l'écrivain. Cette pièce était tendue de velours rouge. Au plafond une lampe, dont la clarté discrète tombait de haut sur le large front de [Chateaubriand. C'est le cas d'écrire que l'auteur des *Martyrs* avait mis son buste

« en chapelle ». Il est permis de trouver excessive cette mise en scène trop proche de l'apothéose. Mais nous ne sommes pas chargé de porter un jugement sur Chateaubriand. Nous nous occupons de David. Comment ne pas songer à ce qu'il y eut de flatteur pour lui dans les délicates attentions d'un maître de la pensée, à l'endroit du marbre qu'il avait sculpté? Nous souhaitons aux statuaires de notre temps de nombreux Mécènes susceptibles d'apprécier leurs œuvres avec le tact élevé dont Chateaubriand sut donner la preuve à son sculpteur.

David, nous l'avons vu, ayant représenté le Christ écrivant sur le globe terrestre la devise : *Liberté, Égalité, Fraternité*, avait offert sa composition à Lamennais. Celui-ci écrivit au statuaire :

Je ne sais, Monsieur et illustre ami, comment vous exprimer et ma reconnaissance et mon admiration. Plus je regarde, plus j'étudie votre magnifique tableau (car c'en est un), plus elle s'accroît. C'est une pensée à la Michel-Ange, simple, profonde, grandiose. Oh! oui, ce sont là les trois mots que le Christ a écrits sur le Monde, qu'il y a écrits de son sang, et qu'à peine encore savons-nous épeler...

David ne tarda pas à sculpter le buste de l'auteur des *Paroles d'un croyant* et, selon sa coutume, il fit hommage de son travail au modèle.

Je ne partage point, lui écrira Lamennais en cette occasion, l'illusion de votre amitié sur l'importance de mes travaux, mais je crois mériter l'opinion que vous avez de moi, quand vous comptez sur mon dévouement profond, inaltérable, à la cause du peuple et de la liberté.

Nous sommes en 1840. Victor Cousin, ministre de l'Instruction publique pour quelques mois à peine, songe au statuaire. Il le sait ombrageux à l'endroit des personnages officiels. Avec quelle bonne grâce ne lui écrit-il pas :

Cher David,

Ce n'est pas le ministre qui vous invite, c'est le confrère, c'est l'ami. Que l'ami fasse donc un effort et vienne prendre place entre Hugo et Lamartine.

Nodier, toujours fin, ne se pardonnerait pas à lui-même d'écrire un remerciement banal. Il y mettra le tour, la recherche et aussi le trait.

Depuis que je vous ai vu, peu s'en est fallu que je n'eusse l'ingrate malice de soustraire à vos beaux médaillons un des objets de comparaison qui en attestent le mieux la ressemblance, et c'est vraiment miracle s'il reste, aujourd'hui, autre chose de Charles Nodier que l'admirable image dans laquelle vous avez imprimé à sa triste figure le sceau de votre immortalité.

L'anecdote est en son lieu lorsqu'on procède au dépouillement de lettres intimes. Voici trois lignes de Mérimée :

Mᶫˡᵉ Sophie dit que vous avez pris mon chapeau ; je crois avoir le vôtre. Le mien est de Bouyrat, et était accompagné de gants jaunes.

Je tâcherai de passer à votre atelier dans la journée. On dit que vous avez lady Morgan ?

David a sculpté le portrait de Lamartine, non moins beau que celui de Chateaubriand. Le poète se gardera de tenir secret son trésor. Il écrit de Saint-Point :

J'ai reçu le buste. Je lui fais faire un digne piédestal, et il sera, dans un mois, livré à la juste admiration du pays.

Mais ces lignes ne donnent pas la mesure des relations étroites qui existèrent, durant un certain temps, entre Lamartine et David. Lorsque *Jocelyn* parut, l'auteur en fit tenir un exemplaire au sculpteur. La lettre d'envoi est à citer.

Monsieur et cher confrère,

Je ne fais jamais rien sans me souvenir de vous et sans me dire : « M. David le lira-t-il ? et en sera-t-il satisfait ? » Il faut bien que je pense à laisser un nom à ce beau buste que votre ciseau a consacré. Recevez donc aussi ce petit épisode de ma longue pensée poétique, et puisse-t-il vous faire passer une heure de loisir. Mais, recevez-le bien moins comme un hommage d'artiste à artiste que comme un bien sincère souvenir de reconnaissance et d'amitié...

Alfred de Vigny vient de recevoir son médaillon sculpté par David :

C'est lorsque vous avez eu la pensée et le désir de conserver mes traits que j'ai commencé de croire à moi-même un peu. Je vaux bien plus à mes yeux depuis ce temps-là. La postérité, en voyant votre ouvrage, pourra croire que les miens ont eu quelque prix dans notre temps...

Une matinée littéraire a lieu chez Mᵐᵉ Récamier. Delphine Gay doit y lire son poème *Napoline*. David reçoit l'appel qui suit :

Mᵐᵉ Récamier ayant obtenu de Mᶫˡᵉ Delphine Gay la promesse de faire entendre chez elle, dimanche matin, à quatre heures, quelques chants de son poème, serait charmée que cette espérance décidât M. David à lui donner quelques moments de sa matinée.

L'artiste, vif appréciateur du talent poétique de Mᵐᵉ Valmore, lui fait hommage de sa médaille à six exemplaires. Mᵐᵉ Valmore lui écrit :

A quoi pensez-vous, Monsieur, de m'accabler d'une telle reconnaissance ?
Je ne peux ni l'acquitter ni l'exprimer, et j'en suis demeurée saisie à mon
retour d'un voyage à Rouen, où je venais de parler des yeux et du cœur à
l'une de vos plus belles gloires...

Ce dernier mot a trait à la statue de Corneille sculptée par
David pour la ville de Rouen.

Reboul, le poète boulanger, a traversé l'atelier du maître.
Tous deux ont parlé d'art. Que le poète reçoive un jour le présent familier que l'artiste tient en réserve pour ceux qu'il estime
ou qu'il aime, et David sera redevable au poète de ces lignes élo-
gieuses :

En jetant les yeux sur le médaillon qui offre l'empreinte de mes traits,
je me rappellerai de vous et surtout de l'entretien que nous eûmes ensemble
et dans lequel vous développâtes les théories de l'art que vous faisiez des-
cendre de la source de toute intelligence, et de cette réponse faite à un
jeune artiste qui vous demandait le secret du sublime : « Soyez homme
d'honneur. » Toute cette éloquence de conversation, mille fois plus persua-
sive que le langage d'apparat et les pages les plus brillantes, est là, fixée
dans mon souvenir.

Victor Hugo, qui n'a pas encore écrit son *Dernier jour d'un
condamné*, se dispose à faire une étude sur nature à Bicêtre.
Aussitôt il invite David à se joindre à lui :

J'ai, cher ami, une lettre de M. de Belleyme qui nous donne entrée à
Bicêtre pour le 22, jour de ferrement de la chaîne. Si vous avez un moment,
venez me voir sous peu : que nous convenions de la marche que nous sui-
vrons.

Victor Hugo fut l'objet, de la part de David, d'une générosité
toute particulière. L'artiste constitua chez le poète un musée des
plus précieux. Chacun des médaillons modelés par le maître fut
offert à son ami, et notre lecteur ignore peut-être que David a
laissé plus de sept cents médailles d'après les hommes de son
époque. Les bronzes affluent chez le poète d'*Hernani* :

Les belles œuvres pleuvent magnifiquement de votre main, mon cher
David, et il faut mes mauvais yeux pour ne pas vous écrire à chaque fois de
longues, longues, longues lettres de remerciement et d'admiration. J'irai,
moi, vous porter, dès qu'elle paraîtra, la 8ᵉ édition en 3 volumes de *Notre-
Dame de Paris*. Pardonnez-moi de tant recevoir et de rendre si peu. Je vous
l'ai déjà dit, je crois, « du papier pour du bronze ».

Les lettres de Victor Hugo à David sont nombreuses. L'amitié des deux hommes se continua jusqu'à la mort du statuaire

en 1856. Cette même année le poëte envoya de l'exil plus d'une
page émue et vibrante à l'adresse de Mme David.

> ..... A cette heure, écrira-t-il, toutes les fois que je me tourne vers la
> patrie, c'est surtout vers les ombres que je me tourne, car c'est là qu'est la
> gloire, la fierté, la grandeur des âmes, la lumière, et il y a maintenant plus
> de vie dans les morts que dans les vivants. David est une des ombres aux-
> quelles je parle le plus souvent, ombre moi-même. Mon exil est comme
> voisin de son tombeau et je vois distinctement sa grande âme hors de ce
> monde comme je vois sa grande vie dans l'histoire sévère de notre temps.
> Soyez fière, Madame, du nom grave et illustre que vous portez. David est
> aujourd'hui une figure de mémoire, une renommée de marbre, un habitant
> du piédestal, après en avoir été l'ouvrier. Aujourd'hui la mort a sacré
> l'homme, et le statuaire est statue.

A une date plus rapprochée de nous, en 1880, lorsque la ville
d'Angers eut confié à Louis-Noël l'exécution du bronze de
grande allure qui rappelle les traits de David, Victor Hugo
s'adressant à M. Robert David, fils du statuaire, écrivait encore :

> Votre lettre m'émeut. Il faut une impossibilité absolue pour me priver
> d'être mêlé à tous ceux qui vont saluer ce puissant esprit, ce vaillant cœur,
> cette gloire! David honorera ce siècle. J'ai dit mon regret profond aux ho-
> norables représentants que la noble ville d'Angers a bien voulu m'envoyer;
> je vous le répète, à vous, que j'ai vu petit près de lui si grand; à vous, le
> cher enfant de ce mort illustre. Je serai là pourtant, ma pensée y sera, je
> ne serai pas absent pour lui; j'assisterai à cette solennité, à cette consécra-
> tion, à ce couronnement.

L'éloge des écrivains est unanime. Mais on peut supposer
que les grands prosateurs, les poëtes en renom n'étaient pas ab-
solument désintéressés lorsqu'ils s'adressaient à David. Une arrière-pensée subsistait peut-être dans leur esprit. Les artisans
d'immortalité sont rares. On les recherche, on les flatte parfois avec le secret espoir d'être un jour distingué par ces hommes
supérieurs dont les moindres essais ont la durée des siècles.
Nous voulons bien l'admettre. Aussi avons-nous interrogé, sur
le maître qui nous occupe, ses confrères, ses émules, ses rivaux,
les artistes de son temps. Que ceux-là se réjouissent de ses succès, qu'ils applaudissent à ses ouvrages, le doute sur la personne,
le caractère, le génie, la réputation méritée de David ne sera
plus possible.

Remontons les années. Entrons chez les peintres. Le statuaire vient d'être élu à l'Académie des beaux-arts. Granet lui
écrit :

E viva mossu David,

> J'apprends votre nomination à l'instant et je m'empresse, mon cher ami, de vous faire mon sincère compliment; la *suora nera* en fait autant, et lorsque vous aurez fini vos courses de devoir, nous espérons que vous voudrez bien donner un moment à l'amitié...

Eugène Delacroix apprend que David s'occupe de modeler le médaillon de l'impératrice Joséphine, l'un des plus parfaits de sa riche collection. Le peintre estime qu'il doit un conseil utile à son ami.

> Mme de Forget me dit que vous n'avez pas vu le superbe portrait de Prud'hon de l'impératrice Joséphine, qui se trouve en ce moment chez Mme de Querelles, sa cousine. Je crois que vous devriez le voir avant de faire le vôtre : cela me parait très ressemblant quoique idéalisé, et cela ne peut que vous servir beaucoup.

On a vu plus haut de quelle sollicitude affectueuse David se plut à entourer Charlet aux approches de sa mort. Les deux artistes avaient été très liés avant 1830. Deux ans après la politique les tint à distance sans entamer l'estime qu'ils se portaient réciproquement. En 1838, Charlet brigua le poste de professeur de dessin à l'École polytechnique, fonction modeste alors, dont le traitement ne dépassait pas 1500 francs. Voici en quels termes enjoués le dessinateur réclama l'appui de son ancien ami :

> Quoique tu me regardes comme le dernier des citoyens français, ou plutôt que tu ne me regardes plus, ce qui ne me regarde pas, attendu que je n'enregistre pas ces puérilités de la vie humaine, j'ose encore lever mon front d'esclave vers toi, parce que je sais que tu es bon dans le fond, et que j'ai toujours eu pour ton talent une haute estime...
>
> Depuis nombre d'années le cours de dessin de l'École ne produit rien, les maîtres y viennent faire leurs factions, puis les élèves dorment dans le poste à l'ombre et sous la protection d'Agamemnon, d'Ajax et de Patrocle. M. Arago et quelques hommes supérieurs ont reconnu la profonde nullité de ce cours, et voudraient *lui* redonner de la vie; ils ont pensé que j'étais leur homme; moi, je ne recule pas, je pense aussi pouvoir y rendre service, et cela avec désintéressement, car on a 1500 francs de traitement...
>
> Il leur faut quelqu'un qui leur apprenne à poser vigoureusement un homme sur ses pieds et à ne pas chercher les Grecs quand on leur demandera un Turc. Un homme qui traite avec quelque rapidité et une figure et un bout de paysage, qui, enfin, sans leur faire mépriser le père Laocoon, leur dise : « C'est beau, c'est très beau, mais faites ce qui remue autour de vous, car nous devons nous transmettre tels que nous sommes à nos descendants, pour qu'ils ne nous représentent pas en Romains avec des perruques à trente-six marteaux. Tu me comprendras, j'en suis certain, car je crois être un peu dans ton sentiment comme art; je suis certain que tu parleras en mon

sens avec tes amis, si tu en as, car, vois-tu, dans ce monde, les amis sont comme les fiacres, on ne les trouve que quand il fait beau.

La glace était rompue. Les deux amis se rapprochèrent. A quelque temps de là, Charlet était souffrant. Le statuaire s'empressa de l'aller voir.

La peste a quelquefois son bon côté, écrit Charlet; ici c'est la fièvre; je la remercie donc de m'avoir procuré l'occasion de te serrer la main. Il y a, vois-tu, des hommes qui ne doivent pas être mal ensemble et qui ne le peuvent pas...

C'est encore Charlet qui lui écrit dans sa langue imagée :

Veux-tu venir demain avec moi déjeuner chez l'amiral Rigny avec ton ardoise, ta cire, tes allumettes; nous serons sans façon avec son frère le colonel et un autre officier bon garçon, ami des arts et de l'indépendance. Viens, ou je te tue.

Henriquel-Dupont se trouve à table, dans un restaurant, auprès de Richard, le fondeur de David :

Hier au soir, je dînais comme à l'ordinaire à mon cabaret. Un petit homme près de qui j'étais placé ne cessait de me regarder et dit à son voisin : « Je ne connais point M. Dupont, je ne l'ai jamais vu, mais je suis bien sûr qu'il est là à côté de moi... » C'était Richard...

L'artiste est insatiable d'accroître sa collection de médailles. Il a modelé le portrait du graveur Sergent-Marceau, beau-frère du général; mais son ambition n'est pas satisfaite. Le profil de Marceau l'attire. Il se sent en retard avec le héros de Fleurus. Il confie sa peine à Sergent, qui lui répond :

Vous avez raison de regretter de n'avoir pas le médaillon du général Marceau, dont la réputation est européenne, et le seul que l'étranger ait couronné, après l'avoir combattu. Son nom est prononcé avec vénération partout, et lord Byron, si célèbre, a écrit à mon épouse « qu'il vénérait sa mémoire ». Le roi de Prusse, dans un des actes de la chancellerie, l'a appelé « un héros ». Vous voyez que ce n'est pas moi, son beau-frère, son ami, qui vous dis que c'est une lacune dans votre galerie, c'est l'Europe qui le dit.

David est en exil. Simart entre à l'Institut. Son confrère n'a pu lui donner sa voix. Simart n'a donc aucune raison personnelle de se sentir redevable envers David. Cependant le bruit se répand que l'auteur du *Philopœmen* va rentrer en France. Aussitôt Simart exprime à Mme David la joie que lui cause l'annonce de ce retour.

J'ai entendu dire, par quelques-uns de mes confrères de l'Institut, que M. David devait se retrouver au milieu de nous dans le courant du mois de janvier. Je viens vous demander, Madame, de vouloir bien me confirmer cette bonne et heureuse nouvelle qui nous rendrait non seulement l'artiste éminent que nous admirons tous, mais encore le cœur noble et sincère auquel je suis, pour ma part, bien fortement attaché...

Le sculpteur Préault a cru pouvoir demander au maître de modeler le profil de Théophile Gautier. David accepte, et le critique de dire son contentement :

Notre ami Préault m'a laissé pressentir que vous ne seriez pas éloigné de vouloir bien faire mon médaillon. C'est un honneur que je n'aurais pas osé espérer, mais puisque vous me jugez digne de figurer dans cette glorieuse collection, je suis tout à votre disposition et je vous remercie du fond du cœur...

Un sculpteur allemand, Leysener, est venu au dernier siècle se fixer en Anjou. Naturellement, David lui donne place dans son panthéon. Mais Victor Pavie est Angevin. Victor Pavie sait tenir la plume. Vite, vite, lettres sur lettres à Pavie pour qu'il fouille, scrute, interroge et découvre dans sa région sur Leysener, dont la vie doit revêtir la forme du livre. Et Pavie de répondre, entre mille courses infructueuses qu'il se propose d'ailleurs de poursuivre :

... La journée de samedi s'est écoulée tout entière à glaner des souvenirs dans le champ du vieux Leysener... Non seulement sa moisson, mais celle de sa génération est faite ; ceux qui ne dorment pas sous terre dorment dessus. M. Berthe s'ennuie de mes importunités et me relance de la belle manière. — M. Grille (l'oncle) est malade. Quelle bonne fortune pour lui ! Pouvoir tirer le verrou sur soi, sur ses papiers, sur son musée et sur ses livres ! n'avoir plus rien à dire, et, chose plus douce encore, n'avoir plus rien à montrer ! — « M. Bonnet n'y est pas ; repassez demain, s'il vous plaît. » — Pour Mᵐᵉ Hudou, elle vit celle-là. Quel volcan, quelle lave de souvenirs débordés ! Comme je sortais de chez elle, des bluettes plein les yeux et des tintements plein les oreilles, tous ceux que je rencontrai, en me rendant à la maison, me semblèrent si nuls et si ternes que je crus coudoyer autant de cadavres sur le chemin. Elle prétend que les parents en savent plus qu'ils n'en disent ; que l'opinion les gêne, par souvenir du fils, républicain ardent, sculpteur aussi lui-même, auteur du buste de notre fantastique ami Kadelberg. Je n'ai plus qu'une porte où frapper désormais. C'est celle d'un ancien littérateur d'ici, le sieur Papin, maintenant domicilié à Saumur, et dont la femme est nièce de Leysener. Je viens de cacheter ma lettre à son adresse. — Après quoi, je saurai, ou bien — j'ignorerai...

Avez-vous remonté le Rhin, non en bateau cette fois, ni en voiture, mais en Victor Hugo ? C'est lui, deux fois pour une, réverbéré dans le fleuve, poète sans fin, tirant de ceci une voix, et de cela une étincelle. A-t-on pétri le monde avec ce despotisme étrange qui fait que tout le paysage ne jure que par lui! Un si rude gantelet, à la longue, vous froisse. On revient de cette lecture suffoqué et meurtri, comme une proie tombée des serres d'un aigle.

La gloire d'un homme n'est pas complète tant qu'elle n'a pas triomphé de la distance, et de cette barrière presque infranchissable qui sépare les peuples d'un même continent, en raison de leurs aspirations différentes, de leur tempérament, de leurs mœurs, de leur génie. Quel est donc l'artiste anglais, allemand, italien, suédois ou russe, qui jouisse chez nous d'une réputation courante? Il en est bien peu, dans l'espace d'un siècle, auxquels une semblable faveur soit accordée. Sans doute les esprits d'élite accueillent les penseurs étrangers et savent les apprécier, mais le nombre de pareils juges est restreint. La langue, le style font obstacle à la popularité de quiconque est né et a vécu hors de nos frontières. Sans vouloir prétendre que le maître dont nous parlons ait été populaire en Allemagne ou en Angleterre, ce qui serait excessif, nous dirons cependant que David fut connu et goûté dans ces deux pays avec une adhésion surprenante. La place nous manque pour fournir la preuve concluante de notre dire, quant au nombre des personnages marquants qui se firent honneur de leurs relations avec David. Nous rappellerons du moins, en terminant cette étude, quelques lettres des correspondants étrangers du maître français, séduits par la noblesse et la sincérité de son caractère ou de ses ouvrages.

Niemcewicz, le poète polonais avait soixante-seize ans lorsque notre artiste sculpta son profil. David ne flatta point son modèle en essayant de le rajeunir, et Niemcewicz lui sut gré de la vérité de son portrait.

Vous, Monsieur, et M. Gros, vous avez ramassé ma vieille figure avant qu'elle tombe en poussière. C'est donc les deux noms illustres de David et de Gros qui feront que le mien ne périra pas entièrement.

Un autre poète polonais, Miçkiewicz, rencontré à Weimar, se lia bien vite avec l'artiste auquel il a dédié son ode française du *Pharis*. L'auteur de la *Fée aux miettes* désirait être présenté à Miçkiewicz; ce fut David qui se chargea de mettre en relations le poète et le conteur. Le statuaire reçut un matin du réfugié polonais les lignes que voici :

Je vous attends à neuf heures, très heureux de faire la connaissance de M. Nodier dont je connais plusieurs ouvrages...

Carus, médecin, naturaliste et peintre de paysages, entretint de Dresde avec le maître une correspondance suivie durant vingt années. David modela sa médaille et sculpta son buste. La tête de Carus présentait une déformation curieuse. L'oreille droite, chez lui, était plus développée que l'oreille gauche. Le sculpteur n'éluda pas ce signe distinctif en exécutant le portrait de son ami. C'est à l'exactitude du statuaire dans l'interprétation de cette partie de sa tête que fait allusion Carus au début de la lettre qu'il écrit à David :

Mon très cher ami,

Le buste est arrivé ; ce superbe témoignage de votre affection et de votre art. Nous tous sommes ici dans l'admiration de cet excellent travail. On admire surtout, mon bon Rietschell en tête, le front et l'oreille droite. C'est qu'en effet, si l'on se place devant votre beau buste éclairé à la lumière artificielle, le soir, le caractère que revêtent ces parties et l'œuvre dans son ensemble est vraiment magnifique.

Christian Rauch, le statuaire prussien, rend hommage à la fertilité du ciseau de son émule et à son culte envers les grandes mémoires de tous les pays.

Mon très cher ami et honorable collègue,

D'après ce que racontent les journaux et nos artistes, aussi bien que les voyageurs qui ont occasion de passer par votre atelier, où ils voient et admirent vos travaux, votre activité est prodigieuse. De plus, vous êtes heureux au sein de votre famille, où notre ami M. le baron Alexandre de Humboldt aura l'obligeance de vous remettre ces lignes.

La grande-duchesse de Weimar m'a parlé souvent de vous à propos du monument de Goëthe, Schiller, etc., et de l'intérêt que vous portez aux hommes illustres, à quelque nation qu'ils appartiennent.

Schlegel est le contemporain de Niemcewicz. Il a soixante-quatorze ans lorsqu'il reçoit son médaillon. Le digne philosophe se souvient qu'il a été jeune et que son visage, en ces temps lointains, ne portait pas de rides.

... Hélas, Monsieur, vous avez prodigué votre admirable talent à un sujet peu digne de vous. Cela eût mieux valu la peine, il y a un demi-siècle : au moins on m'a dit quelquefois que je n'étais pas trop mal alors. Par un excès de bienveillance vous avez voulu transmettre à la postérité, si toutefois elle s'informe de moi, les débris que les ravages du temps m'ont laissés. Je ne suis pas encore retombé en enfance, c'est l'essentiel.

Ludwig Tieck, l'héritier de l'influence de Gœthe, sinon de son haut mérite, se complaît dans la contemplation de son buste colossal sculpté par David :

Quelle impression ne ressent-on pas de se voir agrandi et idéalisé avec une telle puissance? Tout ce qui nous entoure disparaît et on semble sortir de son époque, tant la contemplation du buste nous transporte à l'infini et à l'absolu. Une telle image est comme un appel à la postérité et aux siècles futurs...

Humboldt est également en possession de son buste :

... Cette belle inscription toute lapidaire : « A Alexandre de Humboldt, David d'Angers, » a pourtant une réticence que je déplore. Il y manque ce que j'avois sollicité comme une faveur, ces trois mots qui disent tant :
« A son ami Humboldt, David d'Angers. »

La mort de l'artiste n'enlèvera rien à la vivacité de l'attachement que lui garde Humboldt. Celui-ci est plus qu'octogénaire lorsqu'il écrit à Mme David en janvier 1856 :

Madame,

J'ose, dans les premiers jours de la plus profonde douleur, vous adresser ces lignes comme un des hommes les plus dévoués à l'homme illustre qui m'a honoré de sa vive affection. Lorsqu'un grand talent est réuni à un beau caractère, à une grande élévation de sentiments, à une fermeté inébranlable dans les principes, à une bienveillante aménité dans tous les rapports de la vie sociale, le reflet d'une telle perte est doublement amer pour un vieillard de quatre-vingt-six ans qui va quitter la terre après ceux qu'il croyait précéder de longtemps, d'après les lois de la nature.

John Franklin, l'émule de Parry, l'explorateur célèbre des mers polaires, apporte la note légère dans cet amoncellement de lettres :

Mon cher monsieur,

Permettez-moi de vous envoyer mes plus chauds remerciements pour votre aimable présent du médaillon qui a fait un plaisir universel à mes amis. Ils en apprécient la ressemblance visible et la belle exécution.

Ma femme continue à insister sur ce que le nez est trop long et sur ce que vous m'y avez fait trop beau. Mais dans son cœur, elle est réellement plus heureuse que personne de l'attention que vous avez eue de me flatter...

C'est Mme Belloc, d'origine irlandaise, qui transmet à David une lettre de mistress Beecher-Stowe. Celle-ci n'a fait qu'entrevoir le statuaire pressé de se rendre dans les Pyrénées pour y rétablir sa santé, et l'auteur de la *Case de l'oncle Tom* eût souhaité de pouvoir faire plus ample connaissance avec son sculpteur.

Je vous adresse la lettre que mistress Beecher-Stowe m'a chargée de vous faire parvenir. Combien je regrette que vous ayez été absent ainsi que Mme David, pendant ces huit derniers jours! Votre nature d'artiste aurait si bien joui des nuances si riches et si variées de l'esprit et du cœur de cette femme remarquable!...

Mistress Opie, romancier anglais, de la secte des quakers, dont elle a non seulement adopté le costume sévère, mais encore le tutoiement traditionnel, est redevable à David de son médaillon, de son buste et aussi de mainte publication française dont elle se montrait friande et que l'artiste savait distraire, sans regret, de sa bibliothèque pour les expédier outre-Manche. Mistress Opie, très oubliée de nos jours, vint à trois reprises à Paris, en 1802, en 1819 et en 1830. Douée d'un caractère affable, d'un esprit enthousiaste, d'un cœur généreux, elle compta en France de nombreux amis, parmi lesquels le général La Fayette, plusieurs membres de la famille d'Orléans et David.

> Cher et généreux David,
>
> Comment puis-je oser me rappeler à ton souvenir après un si long silence et, apparemment, un oubli entier de tout ce que je te dois!
>
> Comment! est-il possible que je ne t'aie jamais remercié de toutes tes bontés!
>
> Comment! est-il possible que je n'aie jamais accusé réception des trésors de l'art, et de la science, et de la poésie que tu as eu la bonté de m'envoyer, et qui me sont parvenus pendant mon séjour à Londres!
>
> Hélas! ma conscience me répond « Oui, ingrate! Tu n'as jamais remercié ton admirable ami!
>
> « Vite! vite! il faut t'humilier devant ton bienfaiteur, et lui demander pardon de tes péchés. »
>
> Madame ma conscience, je t'obéis. Monsieur David, je te tends les mains dans l'attitude de la supplication, et je te dis : « *Mea culpa.* »

Nous nous arrêterons, dans ces rapides extraits, sur les lettres de lady Morgan dont le buste a été sculpté par David en 1830, pendant un voyage que fit à Paris l'écrivain anglais. Autant mistress Opie est grave et sérieuse dans son style, autant lady Morgan reste sémillante. Sa prose a parfois le pétillement d'une coupe de Champagne. Elle écrit au sortir de l'atelier du maître :

> Voulez-vous bien vous mettre sous l'ombre de mon petit parasol, demain, en venant me voir. Je l'ai laissé dans votre atelier.

Les journées de Juillet l'exaltent :

> Je vous présente mes sincères félicitations, Monsieur, comme à tous les vrais amis de la liberté et du bonheur humain. La grande semaine de France est la plus grande depuis la première de la Création. Au reste, je vous écris pour vous prier de ne pas encore envoyer ma tête ici. J'irai la chercher tantôt.

Lady Morgan tint parole. Elle alla chercher « sa tête » chez le statuaire, et, l'ayant mise en belle place devant sa table d'écrivain, elle fit tenir au sculpteur ces lignes qu'une pointe d'hyperbole ne dépare pas.

> Mon cher monsieur David,
>
> Vous croyez peut-être que je suis femme à oublier un des plus aimables hommes, et le plus illustre artiste de la France. Ne vous flattez pas ! Vous ne serez jamais quitte de ma reconnaissance, et comptez que quelque beau jour, quand vous m'attendrez le moins, vous me trouverez à votre côté vous renouvelant mes remerciements pour le bel ouvrage par lequel vous avez bien voulu me recommander à la postérité. Voilà votre buste en face de la table d'où je vous adresse ce petit billet...

Nous pourrions prolonger ces citations, mais il faut se borner. Le lecteur se serait-il mépris sur la pensée qui a dicté ces pages ? Nous ne songeons pas à médire du présent : ce serait nous calomnier nous-mêmes. Une époque n'est qu'une fraction de la durée, fraction indifférente en soi. L'homme fait le temps à sa taille. En parlant ici d'un grand artiste disparu, nous restons persuadé qu'il a laissé des continuateurs. L'école actuelle est riche en maîtres. Il nous serait aisé de rappeler [des noms à l'appui de cette vérité, si nous ne craignions d'être incomplet dans le dénombrement qui tente notre plume, et, en pareille occurrence, le plus léger oubli peut devenir blessant. Mais notre école contemporaine renferme-t-elle beaucoup d'artistes soucieux de vivre dans l'intimité des poètes, des philosophes, des savants, des hommes d'État ? Les penseurs étrangers sont-ils en relations suivies avec quelques-uns de nos maîtres ? Y a-t-il, en un mot, affinité d'aptitudes et d'aspirations, échange de confidences entre des sculpteurs ou des peintres de notre pays et les hauts esprits du continent ? En est-il parmi nos artistes qui se soient fait honneur de reprendre à leur profit les belles et salutaires traditions qui ont fait la gloire de David d'Angers ?

Pourquoi ce doute ?

Paris. — Typ. Georges Chamerot, 19, rue des Saints-Pères. — 26523.

www.ingramcontent.com/pod-product-compliance
Lightning Source LLC
Chambersburg PA
CBHW051330050726
47595CB00006B/2292